いっしょにいきる
って、なに?

エチオピア生まれのネビルに。
きみは言った、
「どこで生まれたかで
何ができるか決まるなんて
不公平だ」って。

小学校で哲学をやってみたいというわたしたちの夢を実現してくれたナンテール市に、
こんないきあたりばったりの冒険にいっしょに乗りだしてくれた先生たちに、
そして、いっしょうけんめい知恵をしぼって、ことばに生命をふきこんでくれたナンテールのこどもたちに、
この場をかりてお礼を言います。

みなさん、どうもありがとう。

そして、かけがえのない協力者であるイザベル・ミロンにも、心からの感謝を。

Oscar Brenifier : "Vivre ensemble, c'est quoi?"
Illustrated by Frédéric Bénaglia

© 2005. by Éditions Nathan-Paris, France.

This book is published in Japan by arrangement with NATHAN/SEJER,
through le Bureau des Copyrights Français, Tokyo.

こども哲学

いっしょにいきる
って、なに？

文：**オスカー・ブルニフィエ**
絵：**フレデリック・ベナグリア**
訳：**西宮かおり**

日本版監修：**重松 清**

朝日出版社

何か質問はありますか?
なぜ質問をするのでしょう?

こどもたちのあたまのなかは、いつも疑問でいっぱいです。
何をみても何をきいても、つぎつぎ疑問がわいてきます。とてもだいじな疑問もあります。
そんな疑問をなげかけられたとき、わたしたちはどうすればいいのでしょう?
親として、それに答えるべきでしょうか?
でもなぜ、わたしたちおとなが、こどもにかわって答えをだすのでしょう?

おとなの答えなどいらない、というわけではありません。
こどもが答えをさがす道のりで、おとなの意見が道しるべとなることもあるでしょう。
けれど、自分のあたまで考えることも必要です。
答えを追いかけ、自分の力であらたな道をひらいてゆくうちに、
こどもたちは、自分のことを自分で決める判断力と責任感とを身につけてゆくのです。

この本では、ひとつの問いに、いくつもの答えがだされます。
わかりきったことのように思われる答えもあれば、はてなとあたまをひねるふしぎな答え、
あっと驚く意外な答えや、途方にくれてしまうような答えもあるでしょう。
そうした答えのひとつひとつが、さらなる問いをひきだしてゆくことになります。
なぜって、考えるということは、どこまでも限りなくつづく道なのですから。

このあらたな問いには、答えがでないかもしれません。
それでいいのです。答えというのは、無理してひねりだすものではないのです。
答えなどなくても、わたしたちの心をとらえてはなさない、そんな問いもあるのです。
考えぬくに値する問題がみえてくる、そんなすてきな問いが。
ですから、人生や、愛や、美しさや、善悪といった本質的なことがらは、
いつまでも、問いのままでありつづけることでしょう。

けれど、それを考える手がかりは、わたしたちの目の前に浮かびあがってくるはずです。
その道すじに目をこらし、きちんと心にとめておきましょう。
それは、わたしたちがぼんやりしないように背中をつついてくれる、
かけがえのないともだちなのです。
そして、この本で交わされる対話のつづきを、こんどは自分たちでつくってゆきましょう。
それはきっと、こどもたちだけでなく、われわれおとなたちにも、
たいせつな何かをもたらしてくれるにちがいありません。

オスカー・ブルニフィエ

（特別付録）重松清の書き下ろし掌篇「おまけの話」が本の最後についています。

ひとりっきりで、生きてゆきたい？

ううん。 ひとりじゃ たいくつしちゃう。

そうだね、でも…

みんなは、きみより
たいくつじゃないの？

よろしく！

たいくつ

たまには、
たいくつとつきあってみるのも
いいんじゃない？

きみだけの世界を
つくってみたら？

自分自身と向きあうのって、
こわいこと？

いや。
わたしがここにいるって
だれも知らなかったら…

…さみしいもん。

そうだね、でも…

きみのしあわせって、みんな次第？

みんなに知られてないほうが
いいときだって、あるよね？

有名だったら、さみしくないの？

うん。だって、みんな、
ぼくのしたいこと
じゃましてくるんだもん。

そうだね、でも…

自分で自分のじゃましちゃうことだって、ない？

みんなに助けてもらうことだって、
あるよね？

きみには何がぴったりか、
みんながおしえてくれることも
あるんじゃない？

ううん。なかよしの

SUPER SALE

そうだね、でも…

その子たちも、
きみのこと、
えらんでくれるかな？

子だけえらんで
いっしょにいたい。

きみの家族は、きみのこと、えらんだの？

つきあってみなきゃ、えらべないよね？

むりだよ。にんげんは いっしょに生きてく ようにできてるんだ。

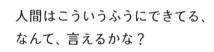

そうだね、でも…

人間はこういうふうにできてる、
なんて、言えるかな？

だれがそう決めたの？
神さま？ 自然？ それとも、運命？

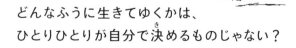

どんなふうに生きてゆくかは、
ひとりひとりが自分で決めるものじゃない？

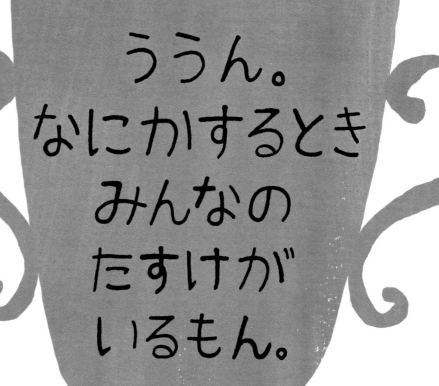

うぅん。
なにかするとき
みんなの
たすけが
いるもん。

そうだね、でも…

なんにもしてくれなくても、
いっしょにいたい子って、いない？

自分もみんなの役にたちたい！
って思う？

助けてもらえるから、
みんなといっしょにいるの？

ひとりっきりじゃ、やっていけない？

ときには、みんなに、うんざりすることもある。

そんなとき、きみは、いっしょに生きてゆく相手をえらべたらいいのに、
って、思うかもしれない。
ロビンソン・クルーソーみたいに、自分の島でたったひとり、
だれにもじゃまされず、自由きままにくらせたら…って、夢みることもあるだろう。

けれど、みんながいてくれなきゃこまることだって、たくさんある。
自分はここに生きているんだ、かけがえのない存在なんだ、って感じられるのも、
まわりのみんなの愛情とまなざしが、きみをつつんでくれているからだ。

でも、こわがったり、たいくつしたりせずに、ひとりでいることもできなくちゃ、
ひととうまくやってゆくことだって、できやしない。
みんなといっしょに生きてくことで、人生の意味ってみえてくるんじゃないだろうか。

ぼくらには、選択の自由がある。
けど、だからって、なんでもかんでも好きなようにえらべるわけじゃないんだ。

この問いについて
考えることは、
　　　　つまり…

よろしく！

…ひとりでじっくり
自分と向きあってみること。

…きみはみんなの手をかりて、
みんなはきみの手をかりて、
そうしてみんなで生きているんだ、って気づくこと。

…みんなに助けて
もらったからって、
きゅうくつに思うことはないんだ
って自分におしえてあげること。

…人と人とをつないでる
いろんなきずなを
みつけること。

どんなときでも、みんなをだいじにするべき？

わたしのこと、だいじに

そうだね、でも…

さあ…
どうでる？

相手もそう思ってたら？

してくれるひとだけ。

世界中どこへ行っても、
敬意のあらわし方って、おんなじ？

相手がしてくれた分だけ、なんて、
そんなの、だいじにしてるって言えるかな？

どろぼうとか わるい
だいじに

ふふーん！

そうだね、でも…

おまえらだ！　おまえらだろ！

だいじにしなくていいひとなんて、
いるのかな？

尊重禁止　なにさまだ

このひとはだいじにするとか、しないとか
そんなの、だれに決められる？

ひとのことは
しない。

ごめんなさいは？

もし、きみがわるいことしたら、
だれもだいじにしてくれなくなるの？

んー♡　うげげ…

へんなことしてても、
だいじな子って、いない？

むり。だって、みんなを好きになんて、なれないもん。

そうだね、でも…

ふーんだ。

好きじゃなかったら、
どうでもいいの？

きらいな子でも、だいじにしてたら、
だんだん好きになったりしない？

おたんこ
ナス！

だいすきなのに、
だいじにできないことだってあるよね？

ひとり

そんちょう

意見

平等

しごと

リーダー

うん。じゃないと、失礼な子だっておもわれちゃうでしょ。

そうだね、でも…

うそでも礼儀ただしければいいの？

礼儀ただしいけどやな感じ
ってこと、ない？

礼儀ただしくできなくてとーぜん！
ってことも、あるよね？

みんなにどう思われてるのか、
いつも気にしてなきゃいけないの？

そうおもう。
すきなこと

そうだね、でも…

どんなことされても、
がまんしなきゃいけないの？

ほんとに相手がだいじなら、
思ったことを言うべきじゃない？

ちょっとお…

みんなが 自分らしく できるように。

だれかをだいじにするってことは、
その子がもっとよくなるように、
考えることでもあるんじゃない？

ひとりひとりの自由って、
みんなのしあわせよりたいせつなもの？

だれにたいしても敬意をわすれちゃいけない

って、親は言う。そんなの無理だ、って、きみは思う。

好きな子や自分をだいじにしてくれるひとにしか、そんな気もち、もてないよ、

わるいやつやどろぼうなんて、どうでもいいじゃないか、って。

でも、どんなにわるいことをしたひとだって、ぼくらとおなじ人間だ。

だいじにする必要なんかこれっぽっちもない、なんて、言えるだろうか。

それに、敬意のあらわし方は、十人いれば十通り。

相手のすべてを受けいれることだって考えるひともいれば、

礼儀の一種だと思ってるひともいる。

つまり、相手をきずつけるようなことや失礼なことは、言わないようにすることだって

だれかを尊重する、っていうのは、線を引くことなのかもしれない。

自分にたいして、それから、みんなにたいして、

みんながいっしょに生きてゆくためには、ここをこえちゃいけないんだよ、

って知らせるための線を引くこと、それが、敬意ってものかもしれない。

この問いについて
考えることは、
　　つまり…

さすが!

…みんなにみとめられたいと思うなら、
まず、きみがみんなをみとめること。

ひとがら

おこない

…相手の人格と行動とを、区別して考えること。

ことば

…きみのことばやふるまいが、
みんなをどんな気もちにさせるか、
相手の立場にたって考えてみること。

いつも、
みんなとおなじ考え？

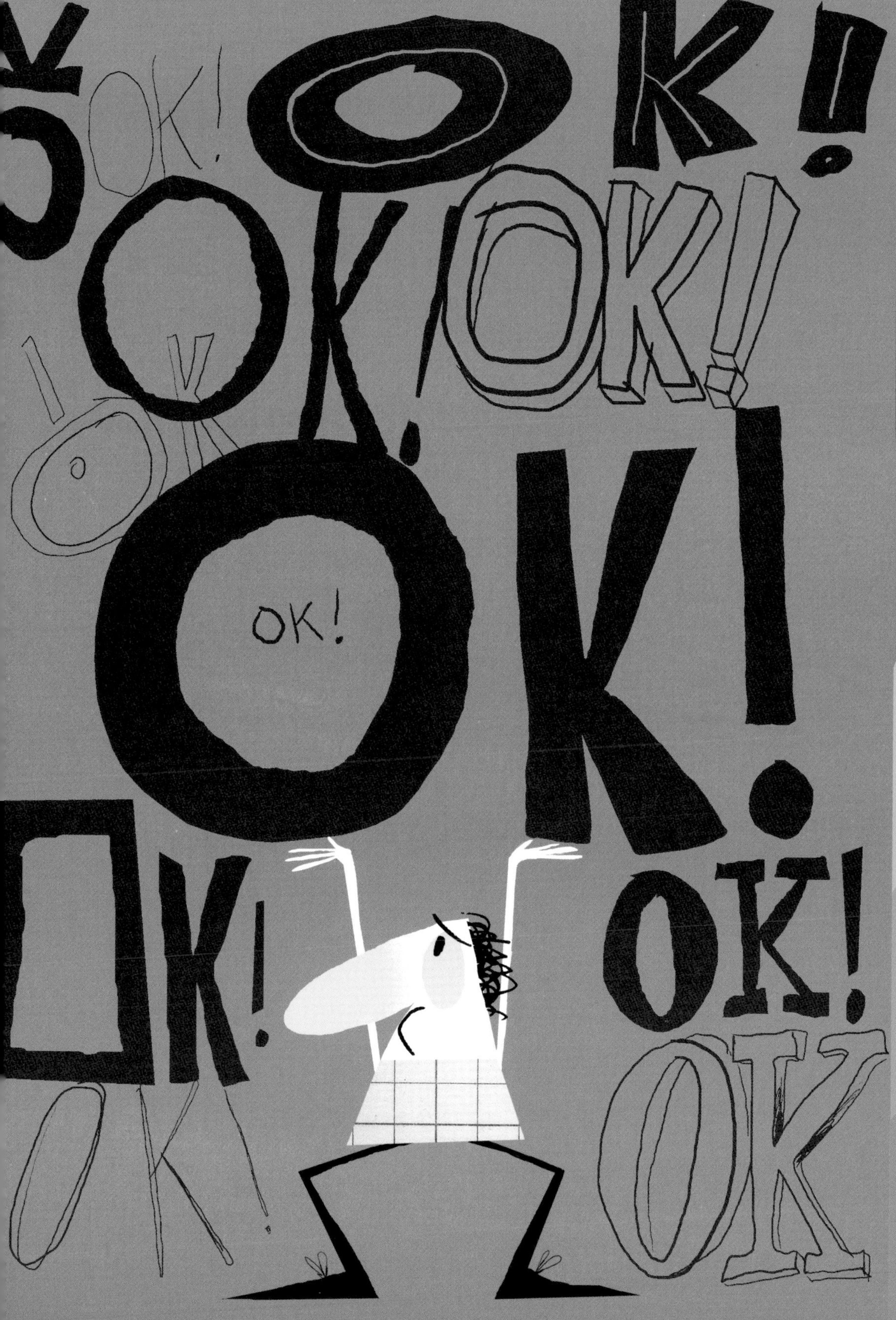
OK!
OK!
OK!
OK!
OK!
OK!
OK
OK!

ううん。だって、ぼくが
ただしくて、みんなが
まちがってる
ときも
あるから。

そうだね、でも…

クロ！　シロ！

みんながみんな、
自分がただしい、って
思ってたら？

考え方がちがうだけで、
どっちもただしい、ってこと、ない？

どうして相手がそう思うのか、
考えてみてもいいんじゃない？

ちがうよ。だって、もし みんながおなじ考えだったら、世界はなんにもかわらない じゃないか。

そうだね、でも…

世界って、
変えなきゃいけないの？

みんなの反対をおしきってまで、
世界を変えたりして、いいの？

たったひとりの力で
世界を変えることなんて、
できるんだろうか？

そんなの むりだよ。

おんなのこ が わかる本

そうだね、でも…

似たもの同士じゃなきゃ、
わかりあえない？

みんな ぜんぜん ちがうもの。

似たもの同士なら、
考え方もおんなじ？

似たもの同士じゃなくっても、
おんなじところって、あるよね？

うん。だって、けんかしても しょうがないでしょ。

そうだね、でも…

けんかって、むだなだけ？

考えがあわなかったとき、
けんかしないで話しあえない？

思ってることをはっきり言わずに、
きみはきみでいられる？

ぶつかりあいをさけるためなら、
ほんとうのことでも言わずにすますの？

まさか！ぼくには
ぼくの意見をもつ
権利があるんだ。

そうだね、でも…

あっちいけ!

だったら、人種差別する
権利もあるの？

ぼくがただしい。
以上!

意見に上とか下とかあるのかな？

きみの言う
とおりだよ…

きみの意見って、
だれにも影響されてないの？

意見を変える権利だって、
あるよね？

ぼくは、まちがってない。
思ったことを言って、何がいけないんだ。

いくらきみがそう思ってても、みんながそれをみとめてくれるとはかぎらない。
だって、ぼくらはみんな、ひとりひとり、ぜんぜんちがう人間なんだから。

そんなとき、きみは、まちがってるのはみんなのほうだ、って決めてかかる。
なんでみんな、ぼくみたいに考えないんだ、って。
けんかは、そんな心のすきをうかがってる…

ただしいのはぼくだ、って言うためだけに、むきになるのは、つまらない。
もちろん、きみがそう言うのももっともだ、ってだれもがみとめることもある。
たとえば、世界の進歩につながるような、正義や真実を守りぬこうとしてるときだ。
だからって、きみひとりの力で世界を変えることなんて、できるんだろうか？
世界より先に、ぼくら自身が変わってゆかなきゃならないことだってあるはずだ。

みんなのことばに耳をかたむけながら、自分の信じることをはっきり言うこと。
そうしてゆくうち、きみは、きみ自身と、そして、世のなかのみんなと、
いままでよりうまくつきあえるようになってゆくはずだ。

この問いについて
考えることは、
　　　つまり…

…意見がぶつかりあうことを
こわがらず、だいじにすること。
ものごとをじっくり考える
いいチャンスなんだから。

…きみの目にみえて
いるのは、ものごとの
ほんの一部なんだって
気づくこと。

あ! ミミズ!

…てなわけよ。

そっかあ…

…反対! って口にだす前に、
相手が何を言いたいのか、
よく考えてみること。

ぼくの考え

…自分の考えをもつことで、
自分の役目がみえてくるんだ
って、あたまに入れておくこと。

ぼくたち、みんな平等（びょうどう）？

うん。みんな

そうだね、でも…

ものすごくわるいひとでも？

ひとは、人間にうまれるんだろうか？
それとも、人間になってゆくんだろうか？

おんなじ人間だもん。

アマゾン河のインディオも、
ニューヨークのビジネスマンも、
おんなじ？

あかちゃんもおとなも、
おんなじ？

ううん。だって、おかねもちとびんぼうなひとといるでしょ。

そうだね、でも…

みんな平等になるように、
おかねもちは、びんぼうなひとに
もってるものを分けるべき？

おかねもちになんかなりたくない、
なんてひと、いる？

ボクも！　　ボクも！　　ボクも！

みんながみんな、おかねもちになんて、
なれるかな？

平等じゃないよ。みんなよりあたまのいい子もいるし。

そうだね、でも…

あたまのよさって、うまれつき？

あたまのよさって、いろいろだよね？

あたまがいい子は、
みんなよりえらいの？

いつもは目だたない子のひらめきに、
へぇ！ って思うこと、ない？

ひとり

そんちょう

意見

平等

しごと

リーダー

ちがう。運のいい子と わるい子がいるもん。

そうだね、でも…

運って、自分でそだてるもの？
それとも、空からふってくるもの？

ツキがあっても、にがしちゃう
ってこと、ない？

運のいいやつ！って、思っちゃうのは、
やきもちのせいじゃない？

ほんとに運だけ？
努力や才能は、関係ないの？

うん。みんなで
たすけあって、
みんなで
わけあえば、
みんないっしょ。

きみに

みわ
ちゃん

リく

はな
ちゃん

まこ

たっくん

おは
ち

ゆうたろう

パパ

マ

そうだね、でも…

分けあえないものだって、あるよね？

けちんぼ

おっきなケーキ、
ひとりで食べたい？　みんなと食べたい？

ゆきちゃん

あげるものがなんにもなくても、
力にはなれるんじゃない？

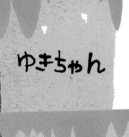

わたしの

だれかに助けてもらったときでも、
その子と対等だって思える？

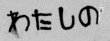

平等だよ。
みんな、おなじ権利を
もってるんだから。

そうだね、でも…

おなじ権利をもってれば、
おなじ人生をおくれるの？

自分の権利を知ってるひとと
知らないひとと、ほんとに平等？

ぼくたちみんな、義務もおんなじ？

ぼくらはみんな平等だ、って、みんな言う。

でも実際は、そうでもない。
みんなより、おかねのあるひともいれば、あたまのいいひともいる、
体のつよいひともいれば、運のいいひともいる。

ぼくらはみんなちがうんだから、ひとより苦手なことがあるのは、あたりまえ。
だからって、やきもちやくのは、どうだろう？
きみより何かができる子は、それだけがんばってきたのかもしれない。
それに、きみにはきみで、ひとより得意なことがあるはずだ。

みんながもってるものを分けあったり、助けあったりすることで、
不平等はちぢまるかもしれないけど、完全に消えてなくなることはない。

みんなが平等に生きる世界をめざすこと、
それは、みんながおなじように生きる世界をつくろうとすることじゃない。
みんなおんなじ人間なんだ、って、きちんと受けとめることなんだ。
そして、そこには、権利と義務がつきものだってこともね。

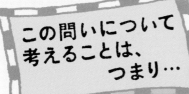

この問いについて
考えることは、
　　　つまり…

やきもち

…だれにだって得意<ruby>得意<rt>とくい</rt></ruby><ruby>不得意<rt>ふとくい</rt></ruby>がある、
それをきちんとあたまに入れて、
やきもちのわなにひっかからないようにすること。

…世界は不公平であふれてるけど、
これはゆるせない、って思ったら、
目をそむけずに立ち向かうこと。

…していることやもってるもので、
ひとを判断しないこと。

ぼくの
人生!

なかなか!

…いまある自分をきちんとみつめて、
無理にせのびしたりしないこと。

ひとり

そんちょう

意見

平等

しごと

リーダー

そうだね、でも…

はたらいてれば、
いいことしてることになるの？

いっつもいいこと
してなきゃいけないの？

そうだよ。なんにもしないのはわるいことだもん。

ひとやすみしたり、考えごとしたり、
そういうことも、わるいこと？

生きてゆくだけでも、
ひと仕事じゃない？

うん。いきていくには、

そうだね、でも…

はたらいてるうちに、
人生がすぎていっちゃったら？

たべてねむるのに必要（ひつよう）な分だけ、
あればいいの？

おかねがいるから。

おーい!!

そのおかねって、
はたらかなくちゃ、手にはいらない？

ぼくらの分まで、
だれかがはたらいてくれないかな？

うん。だって、
そうじゃなかったら、
みんなが必要なもの
だれがつくるの?

そうだね、でも…

この世にあるものぜんぶ、
ほんとうに必要なもの？

ほんとうに必要なものを
見わける力も必要じゃない？

必要なものをつくるだけなら、
ロボットにだってできるよね？

ぼくらの仕事って、
必要なものをつくるのに
役にたつことばかりだろうか？

はたらきたかったら
はたらく。
あと、おもしろかったら
はたらく。

そうだね、でも…

気が向いたときしかはたらかなくて、
仕事っていえる?

毎日おんなじ仕事してても、
おもしろいって思ってられる?

やってみなきゃ、
おもしろいかどうか、わからないよね？

仕事って、自分がしたいからするの？
それとも、社会に必要だからするの？

ひとり

えんちょう

意見

平等

しごと

リーダー

ううん。だって、みんながはたらけるほど仕事ってないでしょ。

そうだね、でも…

しごとしなさい！！

それでも、みんな、
はたらかなくちゃいけないの？

じゅんばんこにはたらく
ってのは、どう？

はたらけない人　　はたらく人

だれがはたらくか、
どうやって決めるの？

仕事がない人は、
社会からほうりだされちゃうの？

ひとり

そんちょう

意見

平等

しごと

リーダー

したくなくっても、仕事は仕事。

こどもだって、それはおんなじ。勉強が仕事。
おかあさんの口ぐせ。毎日毎日言われつづけて、耳にタコができそうだ。
さぼっちゃだめよ！ って。

おとなになれば、仕事をして、おかねをかせげるし、
みんなが必要とするものをつくることだって、できる。
だけど、かならずしも、やりがいのある仕事ができるとはかぎらない。
こんなもの、なんの役にたつんだろう、とか、
こんなことしてたって、なんの勉強にもならないじゃないか、とか、
自分の仕事が、いやになることだって、ある。
それに、世のなかには、はたらきたいひとの数だけ仕事があるわけじゃない。

それでも、仕事はしなくちゃ、って、みんなが思うのはなぜだろう？
それは、ぼくたちが自分をみがいたり、世界を前に進めたり、
そういう可能性を、仕事がひらいてくれるからなんだ。

この問いについて
考えることは、
　　つまり…

…努力(どりょく)って、ときにはつらいこともあるけど、
その先には、おっきな満足(まんぞく)が待(ま)ってるんだ
って、あたまに入れておくこと。

…仕事(しごと)だって勉強(べんきょう)だって、
おもしろいものはうんとある、
それに気づいて、
自分にぴったりのものをさがしてみること。

とーぜん!

…仕事(しごと)が人生のすべてじゃない
って知っておくこと。

…仕事(しごと)をつうじて、
自分の人生に責任(せきにん)を
もてるようになること。

みんなでいっしょに
生きてゆくには、
リーダーとルールが必要？

うん。
公平<ruby>こう<rt>こう</rt></ruby><ruby>へい<rt>へい</rt></ruby>な
リーダーと
ルール
ならね。

そうだね、でも…

公平って、
いつでもどこでもおなじもの？

みなさん
ごもっとも!!

公平って、
ひとりひとりの言い分をみとめること？

ここからだと
よーーく
みえますぞ！

リーダーって、みんなより
すぐれてなくちゃいけないの？

わたしに
きよき
一票を！

不公平なリーダーやルールを
選んじゃうことって、ない？

ひとり
そんちょう
意見
平等
しごと
リーダー

うん。じゃないと、強い<ruby>奴<rt>つよ</rt></ruby>が
いじめちゃう

そうだね、でも…

リーダーになるのって、
<ruby>強<rt>つよ</rt></ruby>いひとじゃない？

そういう<ruby>自然<rt>しぜん</rt></ruby>の<ruby>法則<rt>ほうそく</rt></ruby>に、
<ruby>人間<rt>にんげん</rt></ruby>のつくった<ruby>法律<rt>ほうりつ</rt></ruby>がかなうかな？

ひとが弱いひとを
でしょ。

強いひとが弱いひとを
助けてあげることだって、あるよね？

ひぃ～

弱いからって守られてたら、
どんどん弱くなっちゃわない？

いらない。
そんなのあったら、
したいこと自由に
できなくなるもん。

そうだね、でも…

リーダーや法律って、
ぼくらの自由を守るためにあるんじゃないの？

みんながやりたい放題してても
いっしょに生きていけるかな？

リーダーやルールを自由に選べるなら、
自由っていえるんじゃない？

リーダーは、みんなより自由なの？

なくてもへいき。だって

そうだね、でも…

ぼくだってさ、昔は
きみみたいだったわけよ。

いいひとにうまれても、
わるいひとになっちゃうこと、ないかな?

みんないいひとだもん。

ちゃんとした
つもりだったんだ…

いいひとでも、わるいことしちゃうこと、
あるよね？

みんながみんな、いいひとかなあ？

うん。ぼくらが ちゃんとするように。

そうだね、でも…

お行き…
もうおとな
なんだから…

おとなだったら、
どうするべきか、
自分でわかるものじゃない？

もし、法律がおかしかったり、
リーダーがまちがってたりしたら？

あっちだよ!!

リーダーがどうするべきか、
ぼくらが言うべきなんじゃない？

リーダーって、
目をつぶってついていけるようなお手本？

多数決でえらばれた リーダーとルール だったらね。

そうだね、でも…

みんなが選んだからって、
いいとはかぎらないよね？

自分が選んでなくっても、
ついてゆかなきゃいけないのかな？

リーダーだったら、
自分を選ばなかったひとの声にも、
耳をかたむけるべきだよね？

家でも、学校でも、国でも、どこでもかならず、

だれかの言うことをきいて、決められたルールを守らなくちゃいけない。

そんなのめんどくさい、したいようにさせてよ、って思うこともあるだろう。
いろいろうるさく言われなくっても、自分ひとりでちゃんとできるよ、って。
だけど、もし、リーダーもルールもなかったら、
この世は、力だけがものをいうジャングルみたいになっちゃわないだろうか？

だからって、リーダーになる人が、かならずしもただしいとはかぎらないし、
弱いひとを守ってくれるともかぎらない。そのことも、きみはわかってるはず。
つまり、いいリーダーやルールを選べるかどうかは、ぼくら自身にかかってるんだ。

そこで、ぜったいにわすれちゃいけないことがふたつある。
ひとつは、多数決だって、いつでもあてになるわけじゃないってこと。
もうひとつは、リーダーとルールっていうのは、ぼくらが自由に行動できるように、
みんなにたいして、自分自身にたいして、責任をもって行動できるように、
この世に存在してるってことだ。

この問いについて
考えることは、
　　　　つまり…

…みんなを信頼できるようになること。

…自分のしたいことだけじゃなく、
みんなのしあわせも考えること。

…言うこときいたほうがいいときと、
言いたいこと言ったほうがいいときと、
ふたつをきちんと区別すること。

…社会の一員として、知るべきことをきちんと知り、
責任をもって行動すること。

オスカー・ブルニフィエ

哲学の博士で、先生。おとなたちが哲学の研究会をひらくのをてつだったり、こどもたちが自分で哲学できる場をつくったり、みんなが哲学となかよくなれるように、世界中をかけまわってがんばってる。これまでに出した本は、中高生向けのシリーズ「哲学者一年生」(ナタン社)や『おしえて先生! 論理学』(スイユ社)、小学生向けのシリーズ「こども哲学」、「哲学のアイデア」、「はんたいことばで考える哲学の本」(いずれもナタン社)、「てつがくえほん」(オートルモン社)、先生たちが読む教科書『話しあいをとおして教えること』(CRDP社)や『小学校教育における哲学の実践』(セドラップ社)などなど、たくさんあって、ぜんぶあわせると35もの国のコトバに翻訳されている。世界の哲学教育についてユネスコがまとめた報告書『哲学、自由の学校』にも論文を書いてるんだ。
http://www.pratiques-philosophiques.fr

フレデリック・ベナグリア

フレデリック・ベナグリアは、1974年に生まれた。**家族みんな**に囲まれて、アンティーヴでこども時代をすごした。それから、応用美術を勉強しようって決心して、**たったひとりで**パリに来た。そこで、**たくさんの友だち**ができて、**みんなそろって**卒業証書を手に入れた。そのあと、彼**ひとりだけ**、広告代理店のアートディレクターになった。いま、彼は仕事をふたつもっている。バイヤール・プレスという出版社では、**チームのみんな**とこどものための雑誌をつくっていて、家では、**ひとりっきりで**、イラストを描く仕事をしてるんだって!

西宮かおり

東京大学卒業後、同大学院総合文化研究科に入学。社会科学高等研究院(フランス・パリ)留学を経て、東京大学大学院総合文化研究科博士課程を単位取得退学。訳書に『思考の取引』(ジャン゠リュック・ナンシー著、岩波書店)、『精神分析のとまどい』(ジャック・デリダ著、岩波書店)、「こども哲学」シリーズ10巻(小社刊)などがある。

フランスでは、自分をとりまく社会についてよく知り、自分でものごとを
判断できる人になる、つまり「良き市民」になるということを、教育の
ひとつの目標としています。
そのため、小学校から高校まで「市民・公民」という科目があります。
そして、高校三年では哲学の授業が必修となります。
高校の最終学年で、かならず哲学を勉強しなければならない、とさだめ
たのは、かの有名なナポレオンでした。およそ二百年も前のことです。
高校三年生の終わりには、大学の入学試験をかねた国家試験が行なわ
れるのですが、ここでも文系・理系を問わず、哲学は必修科目です。
出題される問いには、例えば次のようなものがあります。
「なぜ私たちは、何かを美しいと感じるのだろうか?」
「使っている言語が異なるからといって、お互いの理解がさまたげられる
ということがあるだろうか?」
これらの問題について、過去の哲学者たちが考えてきたことをふまえつ
つ、自分の意見を文章にして提示することが求められるのです。
当たり前とされていることを疑ってみるまなざしと、ものごとを深く考えて
ゆくための力をやしなうために、哲学は重要であると考えられています。

編集部

こども哲学　いっしょにいきるって、なに?

2006年9月25日　初版第1刷発行
2013年3月25日　初版第5刷発行
2020年4月1日　第2版第1刷発行

文	オスカー・ブルニフィエ
訳	西宮かおり
絵	フレデリック・ベナグリア
日本版監修	重松 清
日本版デザイン	吉野 愛
描き文字	阿部伸二（カレラ）
編集	鈴木久仁子　大槻美和（朝日出版社第2編集部）
発行者	原 雅久
発行所	株式会社朝日出版社
	〒101-0065 東京都千代田区西神田3-3-5
	TEL. 03-3263-3321 / FAX. 03-5226-9599
	http://www.asahipress.com
印刷・製本	凸版印刷株式会社

ISBN978-4-255-01172-1 C0098
© NISHIMIYA Kaori, ASAHI PRESS, 2020 Printed in Japan